AF310334

RÉFLEXIONS

SUR CES MOTS

DE L'ARTICLE XX DE LA LOI

DU 26 MAI 1819 :

« Nul ne sera admis à prouver la vérité des faits diffamatoires, *si ce n'est dans le cas d'imputation contre des Dépositaires ou Agens de l'autorité, etc.* »

Offertes à la méditation de Messieurs les Pairs et Députés ;

PAR L. HUBERT.

~~~~~~~~~~

PARIS.

~~~~~~

Avril. — MDCCCXXI.

De l'Imprimerie d'Ant. BAILLEUL.

RÉFLEXIONS

SUR CES MOTS DE L'ARTICLE 20 DE LA LOI
DU 26 MAI 1819 :

« Nul ne sera admis à prouver la vérité des faits diffamatoires, *si ce n'est dans le cas d'imputation contre des Dépositaires ou Agens de l'autorité,* etc. »

AUJOURD'HUI, en France, la garantie des intérêts est toute dans le Pouvoir. L'indigence, la faiblesse et l'ignorance invoquent le Pouvoir contre la domination abusive de la richesse, de la force et des talens. Réciproquement, le père et le fils, le maître et le serviteur, le débiteur et le créancier, ont pour seul recours l'organe de la loi. Le droit et le devoir, la sécurité et la liberté, la propriété et l'industrie, tout a pour régulateur unique et immédiat le Pouvoir. Enfin, les intérêts sont toujours en rapport direct avec le Pouvoir, et dans leurs mouvemens divers, ces intérêts n'ont pas d'autre protection.

En Angleterre, le Pouvoir régit également l'ensemble, mais en agissant bien moins sur les détails : il y existe un pouvoir de mœurs, efficace, sans apparence de contrainte, et dont le joug, adopté par l'instinct, ne semble nullement pesant. L'aristocratie exerce un patronage magistral; les corporations imposent à leurs membres des sujétions; les plus minces intérêts acquièrent un caractère de dignité par l'association; le pauvre, le simple et le faible ont à observer des règles de conduite tracées par les sociétés qui les secourent; partout le concert des pluralités contient et stimule à propos les individus : enfin, une multitude de puissances, quoique privées du droit de coërcition, concourent avec le pouvoir légal à fortifier la garantie des intérêts : en sorte que si tout à coup l'action de la loi se trouvait suspendue, ces puissances pourraient y suppléer, et maintenir l'ordre par la seule force d'influence; au lieu qu'en France, on ne peut concevoir ce qu'il adviendrait de tous les intérêts, si l'action du pouvoir public était un instant interrompue.

Déterminer laquelle de ces deux situations est la meilleure, n'est pas l'objet de ces réflexions : la proposition est seulement qu'aujourd'hui, en France, la garantie des intérêts est uniquement dans le Pouvoir. Si ce fait est admis, on ne pourra refuser de reconnaître, comme conséquence immédiate, que le Pouvoir doit posséder des moyens proportionnés à son action, et nécessairement plus puissans qu'en Angleterre, où des règles particulières de discipline très-respectées aident à la force légale, quand elles ne parviennent pas à la rendre entièrement surérogatoire.

En France, l'individualité, continuellement en contact avec le Pouvoir, confond les doctrines les plus habilement composées. Ce n'est pas que des élémens simples, tels que l'homme et la loi, ou les devoirs positifs du fonctionnaire et du citoyen, ne facilitent beaucoup l'arrangement des théories; mais ces théories se trouvent vaines, parce qu'elles ne comprennent pas, et qu'elles ne peuvent comprendre, le chapitre des concessions fortuites et nécessaires. Les réquisitions de la loi, au nom des besoins, et l'opposition des individus, appuyée de motifs vrais ou simulés, entretiennent une guerre dont les accidens échappent aux doctrines. En effet, quand la loi prescrit la déférence subite, et que l'état de l'individu ne permet que de transiger et de temporiser, si le texte de la loi est rigoureusement observé, il doit y avoir un choc, dont les résultats n'auront pu être compris dans les calculs de la prévoyance. On conçoit qu'entre la volonté impérative de la loi, et la résistance dilatoire de l'individu, il est besoin d'une puissance de médiation que les meilleurs esprits ne peuvent régulariser avec des préceptes, ainsi qu'il convient à chaque circonstance, ni lui donner de l'efficacité aussi bien que le simple sentiment né de l'occasion.

A défaut de puissance de médiation créée par les usages, il n'en faut pas moins une quelconque; et aujourd'hui on la chercherait vainement ailleurs que dans la discrétion du dépositaire de l'autorité, appelée par quelques publicistes *arbitraire légal*. Maintenant la sagesse du Pouvoir consiste à manœuvrer entre les rigueurs de la loi et les obstacles opposés à son exécution; et cela s'appelle gouverner, dans le rapport avec les hommes, et administrer, dans le rapport avec les choses.

Pour manœuvrer ainsi, et présenter une garantie réelle à tous les intérêts, le Pouvoir doit posséder en lui-même une force assez imposante pour tenir lieu des forces auxiliaires que lui fourniront sans doute plus tard les diverses réunions d'intérêts. Or, cette force indispensable n'éprouve-t-elle pas d'atténuation trop grave par le mode actuel de répression de la licence de la presse ? Telle est la question.

La force morale, la seule dont il s'agit ici,

est dans la confiance du citoyen, sinon en chaque agent du pouvoir, du moins en cette surveillance hiérarchique, à un degré de laquelle doit sûrement se trouver la justice. Le Pouvoir sera fort, si l'esprit du citoyen est pénétré de l'idée que le fonctionnaire est irréprochable tant qu'il n'a pas été frappé de répréhension légale; et il sera faible, si de vagues accusations peuvent impunément détruire la considération, sans laquelle la puissance de l'homme public serait purement coërcitive.

Aujourd'hui le Pouvoir est faible, car les dispositions de l'article 20 de la loi du 26 mai 1819 assurent l'impunité du dénigrement, en plaçant le personnage le plus respectable par ses qualités personnelles et par le choix du Prince, dans l'alternative de supporter l'outrage en silence, ou de comparaître devant un Jury autorisé à le flétrir, en déclarant vraies les imputations d'un diffamateur.

L'exemple supposé d'un haut administrateur aux prises avec la diffamation, montrera la fausse position de l'homme du pouvoir, et expliquera comment l'impunité est assurée au libelliste.

Un écrivain publie que « le Préfet a élevé le prix du pain, pour causer une émeute, et y trouver l'occasion de faire égorger le peuple. »

Si le Préfet prend la résolution de poursuivre judiciairement l'imputation qui lui est faite d'un dessein criminel, quelles en seront les conséquences? L'écrivain demande à prouver la vérité de ses assertions. La preuve d'un dessein se recherche dans tout ce qui l'explique ; et dès-lors paraissent des témoignages exprimant que le Préfet a dit « que le peuple était turbulent, et avait besoin d'être corrigé ; » « qu'il naîtrait bientôt des occasions où se montrerait sa fermeté : » enfin, des propos inconsidérés sont présentés comme preuves, et rien ne s'oppose à ce qu'ils en produisent les effets. Les dépositions se font devant des habitans du lieu où s'est passée l'action ; devant des hommes susceptibles d'être influencés par des impressions populaires ; peut-être même devant les amis des victimes de l'exécution militaire. Le Jury, n'ayant d'autre règle que sa conscience, peut accueillir comme preuve déterminante un langage indiscret ; il peut prononcer le mot « coupable ; » il peut frapper d'opprobre. Pour éviter le sort qui le menace, le Préfet tentera-t-il de repousser les inductions tirées des témoignages ? Fera-t-il valoir le droit d'attribution, et les raisons administratives qui l'ont déterminé à opérer le renchérissement, cause du trouble et prétexte de la diffamation ? Apportera-t-il devant une

Cour judiciaire ses instructions, sa correspon‑
dance, ses documens? Soumettra-t-il au Jury
ses démarches pour prévenir le renchérisse‑
ment, ses efforts pour calmer l'irritation de la
multitude, ses recommandations pour éviter
l'effusion de sang? S'il se décide à faire usage
de ces moyens, peut-être sera-t-il absous;
mais quel que soit le succès de son apologie,
douze hommes inhabiles à connaître des me‑
sures de gouvernement, auront prononcé in‑
directement sur le mérite d'un acte adminis‑
tratif.

La loi ne dit pas absolument si la décision
de la chambre du conseil, portant qu'il n'y a
lieu à poursuivre, sera considérée comme un
jugement sur la vérité du fait imputé, et dans
ce cas, si la condamnation du diffamateur de‑
vra être la conséquence nécessaire de cette
décision. Aucune jurisprudence ne s'est éta‑
blie sur ce point, sans doute faute de personnes
assez ennemies d'elles-mêmes pour en fournir
l'occasion; mais, d'après le texte de l'art. 128 du
Code d'instruction criminelle, on doit natu‑
rellement le croire. Toutefois il pourrait arri‑
ver que le tribunal, ayant égard à la pureté
des motifs d'un écrivain, et aux apparences
qui ont pu l'induire en erreur, l'acquittât,
sur le point d'intention, du délit de diffama‑
tion; et dans une telle hypothèse, l'exécution

de la loi du 26 mai 1819 offrirait cette singularité : que A serait jugé innocent du crime
imputé par B , et B acquitté pour l'imputation
de ce crime, dirigée contre A. En effet, en justice exacte , on conçoit que A peut n'avoir pas
contre lui des preuves assez évidentes pour le
faire condamner légalement, et pourtant qu'il
existe d'assez fortes présomptions pour légitimer l'imputation de B. Dans les doctrines, tout
cela peut très-bien s'établir ; mais en pratique,
avec de tels arrangemens , on affaiblit le Pouvoir, on dégoûte l'honnête homme qui l'exerce,
on abrite le malveillant, et des lois inexécu-
tables n'offrent aux intérêts qu'une garantie
sans puissance virtuelle.

Il y a distinction injuste dans la loi, de faire
un tort de la diffamation envers un particulier,
sans égard pour la vérité de l'imputation, et de ne
faire un tort de la diffamation envers l'homme
public, qu'après la preuve juridique de la fausseté de l'imputation. Si le fait imputé à l'un et
à l'autre est une infraction à la loi, l'ordre en
réclame également la punition , comme il en
réprouve également la fausse imputation. La
loi a dû prévoir tous les faits considérés comme
contravention , délit ou crime , qui peuvent
être commis dans toutes les situations; et pour
ces faits, chacun est amenable devant l'autorité. Or, quel motif la loi peut-elle reconnaître,

en de certains cas, comme assez plausible pour empêcher la dénonciation légale d'un fait coupable, qu'elle trouve utile de tolérer la publication de ce fait avant de le dénoncer, s'il est commis par un fonctionnaire, lorsqu'elle interdit absolument la publication du fait répréhensible commis par un particulier ? Certainement il est autant possible de diriger une plainte contre un administrateur concussionnaire, que contre un orfèvre recéleur ; et à l'égard de l'un comme de l'autre, il est également inutile, pour appeler la punition sur le coupable, que le crime soit publié avant la dénonciation légale. La punition, infligée comme exemple propre à inspirer une crainte salutaire, est le seul but légitime d'une plainte sous une forme quelconque ; et le meilleur moyen de servir la société est de tendre à ce but directement, plutôt que d'attendre un appel à la loi de la maladresse du coupable, ou de laisser sous le manteau de l'innocence qu'intimide le scandale, ce coupable jouir paisiblement de l'intérêt qu'inspire une silencieuse victime de la diffamation. Sans doute il est plus commode de jeter dans le public une accusation vague, que laissera tomber le criminel, et que relèvera rarement l'innocent ; mais si cette forme de dénonciation présente des avantages, qu'elle soit donc généralisée, et qu'il n'y ait aucune distinction entre les personnes, dès qu'il existe un tort à dévoiler : car aujourd'hui il y a inégalité onéreuse pour le fonctionnaire, de l'obliger à se disculper d'une imputation devenue de diffamation accusation directe, de le transformer de plaignant en défendeur , et de lui faire courir les risques d'un jugement sur le fait ; tandis que le particulier doit obtenir réparation , sans se livrer aux chances d'un procès où , indépendamment de la honte , des embarras et des dépenses, l'innocence peut succomber.

Sans que les auteurs de la loi aient eu besoin de l'annoncer par des écrits précurseurs, on pouvait aisément reconnaître dans les dispositions de l'article 20, que *l'intérêt public était vu essentiellement dans la liberté d'écrire ; que les garanties légales* avaient cette liberté pour principal objet ; et que l'on croyait assez faire pour l'ordre, en donnant au fonctionnaire , avec le droit de poursuivre la diffamation, des règles et un Jury, comme *moyens assurés d'obtenir de justes réparations.* En doctrine, ces idées sont soutenables : un esprit ingénieux peut *faire applaudir , même des gens sensés , à la faculté de censurer avec plus ou moins d'amertume les mesures du gouvernement ,* lorsqu'il montre pour barrière aux excès *la loi comme un arsenal ouvert à tous, et où se trouvent des armes à l'usage de tous;* mais les gens *sensés* ont-ils continué *d'applaudir,* quand l'expérience leur a découvert, au lieu d'*un gouvernement livré au concours* de généreux compétiteurs, une arène de scandale, où la partialité des juges faussait les règles du combat? Aucun homme réellement *sensé* pouvait-il *applaudir,* en voyant d'honnêtes fonctionnaires, quoique pourvus des *meilleures armes de l'arsenal,* préférer la réputation de *gens timides qui se résignent à supporter l'outrage,* plutôt que de fournir à d'insolens agresseurs l'occasion de triompher de toute justice par le suffrage d'un Jury mal instruit de la nature de ses devoirs? Sitôt qu'ils ont reconnu leur erreur, les gens *sensés* ont dû se dire qu'avant *d'applaudir* à des doctrines sur *les garanties légales de la liberté de la presse,* désormais ils auraient le soin de remarquer s'il s'y trouvait des mesures de prévoyance pour parer à des accidens tels, par exemple, que les effets d'une *Lettre sur Paris.*

La garantie suffisante de la liberté de la presse se trouvait dans le Jury; dans l'opinion populaire, devenue autorité légale; dans douze hommes qui ne peuvent que vouloir protéger la liberté; et cette garantie, donnée par l'article 13, était inutilement corroborée par l'obstacle au châtiment immédiat de la licence, résultant de la question préjudicielle créée par l'article 20. En Angleterre, les juges prononcent s'il y a cause à admettre la justification de la vérité ; et s'ils la refusent, pour des raisons d'illégalité, ou afin d'éviter de scandaleux débats, le Jury, qui ne discerne pas moins la vérité de l'imputation à travers les rumeurs et les plaidoyers, prend en due considération ce qu'il a recueilli sur ce point : alors, du moins, les inconvéniens attachés au jugement des hommes, ne sont pas forcés par la loi ; et quand le diffamateur reste impuni, la charge pèse tout entière sur la conscience du Jury. Par ce mode, excepté dans les cas rares où une culpabilité très-probable se rencontre avec la résolution d'en poursuivre le révélateur, celui qui a été diffamé n'a pas à subir l'épreuve d'un procès sur le fait imputé, avant d'obtenir justice de l'imputation : le diffamateur peut être absous par excès d'indulgence, sans que la conséquence absolue soit, aux yeux du public, que la diffamation avait des caractères de vérité ; et par ce mode aussi, la loi ne consacre pas une monstrueuse inégalité devant la justice, entre tel homme et tel autre : cette distinction est abandonnée à la discrétion du Jury, qui peut se montrer sévère dans son *verdict*, en raison de la nature des obligations contractées par les personnes dont la manière de remplir ces obligations fait le sujet de la diffamation.

Celui qui a accepté des fonctions publiques, se soumet à une responsabilité pour les actes relatifs à ces fonctions; mais cette augmentation de devoirs n'est pas en elle-même un motif pour traiter l'infraction à ces devoirs autrement que l'infraction aux devoirs communs. Les charges particulières se prennent au même titre que les charges communes, sous la condition d'être puni de défaveur pour la simple faute, et d'être atteint par la loi pour la transgression criminelle. Les charges d'un médecin sont plus étendues que celles d'un rentier, de tout ce que comprend la profession de médecin, sans que ce surcroît ait une nature de responsabilité différente du reste. Devant la loi, la responsabilité des actes a des caractères uniformes; et l'homme qui serait tout à la fois magistrat, médecin et négociant, aurait d'autant plus d'occasions de répondre pour ses actes devant la loi, sans, pour cela, que le genre de sujétion différât. La loi ne peut raisonnablement vouloir que l'homme qui se consacre à une profession, soit soumis à la censure publique, à raison de cette profession,

même de la part de ceux envers qui il l'exerce ;
et ainsi l'avocat et le médecin ne sont pas
soumis à la censure publique, l'un de ses
cliens, et l'autre de ses malades, généralement
incapables d'apprécier le mérite du fait relatif à
la profession. Par les mêmes raisons, un administrateur ne doit pas être soumis à la censure
publique de ses administrés, d'abord inhabiles
à distinguer les causes des effets dont ils se
plaignent, puis disposés à attribuer l'absence
de tout le bien qu'ils espèrent, à la malveillance
de l'homme qu'ils se persuadent en être le dis-
pensateur volontaire. S'il y a sujet de répréhension, sûrement il existe quelque part une
autorité compétente pour en juger légalement, et pour prononcer la censure publique, lorsqu'elle est réellement méritée.

Par de telles règles, l'administrateur, le juge
ou l'officier, n'ayant à craindre que le blâme
légal, appliqué par des hommes capables d'apprécier leurs actes, peuvent se livrer à l'exercice de leurs fonctions, sans ménagemens pour
le caractère irritable de l'individu que ces fonctions affectent ; et, sans aucun doute, la société doit trouver des avantages à dégager le
fonctionnaire de l'effroi du scandale qui peut
le faire fléchir dans ses devoirs. S'il ne redoute
personne dans le cercle de ses attributions,

du moins il sera juste autant que sa nature le lui permet ; au lieu que, s'il est dominé par la crainte de l'animadversion particulière, cette crainte ne pourra être inspirée que par le méchant, car la bonté n'imprime aucune terreur, et alors il ne sera juste qu'autant que le méchant le lui permettra. Dans les doctrines où des maximes sont les seuls fondemens de la loi, on trouve bien que *si nous voulons nous former aux mœurs des peuples libres, il faut que le caractère des fonctionnaires acquière une mâle franchise, quelque chose de public et de ferme ;* mais c'est le fait incontestable qu'il convient de donner pour base à la loi ; et le fait incontestable est qu'en général, chez l'homme, l'esprit de justice est en rapport avec l'espèce de crainte qu'il ressent. En devenant fonctionnaire, il ne cesse pas d'être accessible à la crainte de cette sorte de déshonneur placé dans le blâme public, même le moins mérité ; et ainsi le soin du législateur doit être d'écarter de lui toute appréhension de ce blâme de la part du méchant, parce que la crainte d'encourir la haine du méchant influera sur sa justice. Prescrire au fonctionnaire d'agir sur des intérêts, en autorisant implicitement ces intérêts à s'élever contre lui ; commander un respect absolu envers la

2

loi, en tolérant, et même en protégeant l'ir-
révérence envers l'action de la loi ; *stimuler la
réserve et la timidité du fonctionnaire* par l'ai-
guillon du libelle ; et paraître désirer son
triomphe, en ne lui fournissant pour défense
qu'une arme dont il ne peut faire usage sans
se blesser : ce sont autant d'inconséquences
dont le produit réel ne sera jamais l'ordre.
Quand un peuple est dépourvu de liens d'o-
bligation sociale tissus par des convenances
d'adoption, il faut y suppléer par la puissance
de considération attachée au Pouvoir ; et elle
ne saurait exister, lorsque la loi exprime que
le fonctionnaire, dont la loyauté a déjà pour
garantie sa promotion, est dans un état de
prévention moins favorable que le plus obscur
individu, puisqu'envers ce dernier l'imputation injurieuse est préalablement considérée
comme fausse, tandis qu'envers le fonctionnaire la présomption légale est que l'imputation peut être vraie. Les égards enlevés aux
fonctions sont autant de garanties de moins
pour l'ordre ; et l'Etat est menacé de ruine,
quand le fonctionnaire, quand l'organe de la
loi est démoralisé par l'habitude de l'outrage.

L'arrêt de renvoi pardevant la Cour d'assises, pour faire preuve de la vérité du fait
imputé au fonctionnaire qui a formé plainte

en diffamation, est d'obligation de la part du tribunal. Par cela seul que le plaignant est agent de l'autorité, que le fait imputé est relatif à ses fonctions, et que le défendeur déclare vouloir faire preuve, la Cour doit obtempérer. Ainsi, celui qu'une vive indignation devrait naturellement disposer à porter plainte, et qui, par cet acte, se conformerait au vœu essentiel de la loi, ne peut manquer d'apercevoir, en se recueillant, qu'il va provoquer un scandale précisément recherché du libelliste; qu'il figurera dans une posture humiliante devant un public auquel l'homme du pouvoir est représenté comme l'ennemi de son bonheur; que l'organe de ce public sera son juge, et que le plus haut degré de succès qu'il puisse espérer contre une masse de chances défavorables, est le stérile avantage d'obtenir le châtiment du calomniateur. Quelle que soit l'innocence du fonctionnaire outragé, on peut raisonnablement présumer qu'une telle perspective le fera s'abstenir de poursuivre son diffamateur: ce qui établit absence de justice, puisque le coupable reste impuni; ce qui consacre la tolérance pour le tort, puisque celui qu'il affecte a un juste sujet de préférer de le supporter, plutôt que d'invoquer une loi dont

les formes lui sont hostiles ; ce qui place
l'agent de l'autorité dans l'alternative de classer
l'outrage parmi les charges pour lesquelles
il reçoit des émolumens, ou de se démettre
de ses fonctions, si cet état d'avilissement lui
répugne ; ce qui, dans ce dernier cas, ferait
que les emplois publics deviendraient le partage des gens pour qui une bonne réputation n'est pas de première importance ; ce
qui, en dégradant le Pouvoir par le discrédit
de ses agens, le priverait de la force morale
si nécessaire à son action ; ce qui enfin affai-
blirait considérablement la garantie que tous
les intérêts peuvent seulement trouver dans
un Pouvoir dont la susceptibilité des agens
assure la sagesse de discrétion.

A ces graves inconvéniens, il faut ajouter que
le Jury ne pouvant prononcer que l'imputa-
tation est ou n'est pas fondée sur la vérité,
sans examiner sous toutes ses faces le fait
réputé diffamatoire, il se trouve ainsi être
indirectement le juge d'un acte du Pouvoir.
Par l'arrêt de renvoi devant la Cour d'assises,
il doit s'établir instruction suivant les formes ordinaires : le ministère public procède
à une sorte d'enquête sur tout ce que comprend le fait imputé, afin d'y chercher les
caractères du tort. Or, il y a eu, en effet,

renchérissement du pain, émeute et effusion
de sang; mais ces faits matériels, dans les-
quels le Préfet est impliqué, ne constituent
pas un crime, puisque le premier dérive
du droit d'attribution, et que l'emploi de la
force militaire résulte de l'émeute : la diffamation, ou le point à juger, est donc seulement dans l'imputation du *dessein* de causer
l'émeute, pour y trouver l'occasion de faire
massacrer le peuple; et puisqu'il se présente
des témoignages sur la manifestation de ce
dessein, les règles veulent que le jugement
sur le moral du fait soit livré à un Jury.
Ainsi traduit, le Préfet, fortement intéressé
à infirmer les témoignages qui l'incriminent,
leur oppose tout ce qu'il croit propre à le
justifier, et alors se déroulent les considé-
rations administratives, même les plus mysté-
rieuses : les objections provoquent l'exposi-
tion des motifs; on remonte aux sources, et
on descend jusqu'aux moindres détails; rien
n'est négligé pour se rendre le Jury favorable; la crainte de paraître dissimulé rend
indiscret : enfin, il est certain que dans un tel
procès le Jury connaît ouvertement d'un acte
administratif, et que rien ne s'oppose à ce
que sa sentence ne comprenne, dans la condamnation du Préfet, l'improbation mani-

feste des ordres supérieurs ; le blâme d'une ordonnance royale, et même la censure de la loi.

Ici, ce n'est plus le droit individuel, ni l'exacte répartition de la justice, qui sont en question : on est conduit à l'examen des défauts de la loi dans ses rapports avec, 1º. la juridiction des pouvoirs ; 2º. la publicité des opérations administratives ; 3º. l'intervention du peuple dans le jugement légal des actes de l'autorité. A la vérité, sur le premier point, aujourd'hui le danger qui menace le Pouvoir, dans sa lutte contre les prétentions populaires, unit ses diverses branches par le sentiment de conservation, et les fait se prêter un secours mutuel, sans remarquer la ligne de démarcation qui sépare leurs attributions respectives. Aussi est-il présumable que la demande d'un libelliste à être admis en preuve de faits, serait repoussée dès l'instruction, à cause du tort que le scandale ferait au Pouvoir en général ; mais cette nécessité d'enfreindre les règles, en vue des résultats, est déjà un vice de la loi. Quand le ministère public, trouvant des indices, use du pouvoir de discrétion pour éluder de déférer ces indices au Jury, peut-être rend-il un grand service à l'Etat ; mais il sort de ses attributions : il

juge lorsqu'il ne doit qu'instruire ; et plus
il sera reconnu que cette espèce de transgression est nécessaire, plus on sera forcé de
convenir que la loi est défectueuse.

La loi veut que la dénonciation publique
d'un acte de malversation soit tolérée ; que
l'opinion soit éclairée sur le mérite du fonctionnaire, et que la déclaration d'un Jury,
organe de l'opinion, détermine la validité de
la plainte en faux dirigée contre la dénonciation faite au peuple. Tout, dans cette volonté,
est éminemment populaire ; mais pour son
accomplissement, la concurrence du Pouvoir
est indispensable, et il la refusera sans doute,
si elle tend à compromettre ses intérêts légitimes. En se pénétrant des idées d'ordre social,
on ne conçoit pas que le Pouvoir puisse vo-
lontairement cesser, en aucun cas, d'être le
premier juge, comme il est le meilleur ap-
préciateur des actes de ses agens, et qu'il les
abandonne sans secours à la justice incertaine
de ceux envers qui ils sont chargés d'agir. Or,
le législateur, qui recherchait la popularité
en donnant au peuple, pour contenir le Pouvoir, des armes dont pouvait user la malveillance, aurait dû s'attendre que le Pouvoir se
montrerait hostile à ces ennemis de l'ordre, et
qu'il préférerait d'éluder l'exécution des règles

désorganisatrices, plutôt que de contribuer aux dangereux progrès d'une erreur législative.

D'ailleurs, en attribuant au ministère public l'instruction sur le fait imputé, c'était manquer le but populaire de la loi ; car l'opinion ne sera jamais satisfaite d'une décision à huis-clos qui annullera l'accusation directe : elle persistera à croire à la vérité de l'imputation que la seule chambre du conseil aura déclarée non fondée ; et le tribunal, appelé à prononcer sur le point de diffamation, pourrait bien, malgré l'évidence légale de la fausseté de l'imputation, établie par la décision du conseil, refuser de reconnaître l'existence d'une offense répréhensible dans l'imputation injurieuse. Peut-être même le fonctionnaire diffamé se plaindrait-il aussi de la décision de la chambre du conseil, qui le priverait de l'occasion d'exposer publiquement son innocence, et qui, en faisant naître l'idée d'un intérêt partial pour l'homme du pouvoir, acquerrait aux allégations de son diffamateur la croyance de l'opinion, que le principal objet de ses poursuites est de détruire : car les cas de libelle diffamatoire présentent cette singularité, que la réparation légale est presqu'insignifiante pour le plaignant, et qu'elle rend sa flétrissure indélébile, si le moindre soupçon de réserve dans les juges est accueilli par l'opinion. Ainsi, de cette espèce de conflit, il résulte une double anomalie : les lumières dont la loi veut pénétrer l'opinion, sont inévitablement interceptées par le Pouvoir; et les faibles moyens laissés au fonctionnaire pour la défense de son intérêt particulier, sont rendus nuls par l'intérêt général du Pouvoir.

Satisfaire l'exigence de l'opinion au détriment du Pouvoir, et espérer régulariser cet arrangement, sans qu'il y eût violation des préceptes, c'était fabriquer un vain système, quoique l'exemple de l'Angleterre parût autoriser cette conception. Là, en effet, l'opinion est une puissance respectée; aucune instruction préalable n'intervient entre l'accusé et ses juges naturels ; le ministère public n'a pas d'autres facultés que celles qui sont communes à toute partie offensée : mais là aussi, la liberté de la presse a été fondée par le temps, et sous la protection du Pouvoir, qui en réprime encore aujourd'hui les excès, sans autres lois que des règles de discrétion en forme de jurisprudence, et altérables suivant les occasions. Là, l'opinion, liée au Pouvoir par un profond sentiment d'intérêt commun, est répandue dans toutes les classes de la société, et y défend son allié contre les attaques de la malveillance, même lorsqu'elle a les plus justes sujets de blâmer la conduite de certains agens de cet allié. Là, favoriser l'action de l'opinion, entendue comme sentiment d'équité naturelle éclairé par l'instruction, c'est augmenter les forces du Pouvoir, c'est resserrer le faisceau des intérêts. Et là, surtout, le Juré, né sous un régime transmis, a appris de ses pères que les opinions politiques et toutes les affections personnelles doivent se soumettre à l'ordre, et ne reconnaître que les voies légales, lors même que cet ordre, et les lois qui en dérivent, seraient accidentellement profitables à des gens dignes de mépris.

Notre situation est différente; et prétendre aujourd'hui concilier l'Opinion et le Pouvoir à l'aide de règles positives, c'est enfanter des chimères. Le temps peut seul opérer cette conciliation, difficile autant que nécessaire, et les plus sages maximes seraient vainement prodiguées pour y suppléer. Aujourd'hui, pour donner aux règles l'action qu'elles expriment, il faut une puissance impulsive dont les mouvemens soient réguliers; et cette condition se trouve seulement dans la dépendance hiérarchique qui fait un corps systématiquement actif de l'Etre abstrait appelé le

Pouvoir. Une telle organisation manque à l'opinion : si elle existe comme ensemble, on ne peut la distinguer dans aucune de ses parties : lui prescrire des règles de direction, serait commander aux vents. A ces flots d'une masse agitée, on ne conçoit pas la possibilité d'imposer comme obligation un acte d'équité ou de discernement ; et c'est cependant ce qu'a tenté le législateur : il a dit à l'opinion : « Je vous donne l'autorisation de dénoncer publiquement le Pouvoir, et le droit de le juger : soyez juste ; mais votre conscience seule vous y oblige ; aucune puissance n'est établie pour vous contraindre à observer ce devoir. »

En supposant que la recommandation d'être juste fût respectée, que la discrétion du Jury le fît s'abstenir de connaître des actes administratifs au-delà du degré nécessaire pour éclairer son jugement, et que sa sagesse assurât au fonctionnaire une garantie certaine contre la diffamation, il s'élèverait encore une forte objection contre le maintien des dispositions de la loi qui attribuent au pouvoir judiciaire l'examen de la justification de la vérité, dans le cas d'imputation diffamatoire d'un fait relatif à des fonctions publiques. La fin des dangers dont les prétentions populaires menacent le

gouvernement, amènera, avec le calme , l'esprit de corps ou d'attribution , qui, sans dé-
sunir les pouvoirs, tracera entr'eux une ligne
dont la juste position pourra devenir un sujet
de contestation. Les idées d'indépendance ,
maintenant dominées par le pressant besoin
de défendre la propre existence du Pouvoir,
créeront plus tard dans chacune de ses branches une solidarité de principes dont le passé
montre les caractères dans la résistance des
parlemens aux desseins du cabinet. Alors , si
le pouvoir judiciaire avait la faculté de s'immis-
cer dans les détails administratifs , par le jugement de la vérité de l'imputation diffamatoire dirigée contre l'administrateur, n'y au-
rait-il pas à craindre que parfois son autorité
ne fût abusive ? En admettant la constante
volonté de prévenir, en de certains cas, le
scandale du jugement par jury sur le point de
vérité, cette volonté ne serait toujours qu'une
déférence conditionnelle, et subordonnée à
la conviction d'une nécessité dont resterait
juge la chambre du conseil, et l'agent administratif ne devrait pas moins lui soumettre
ses instructions, lui exhiber ses documens,
lui expliquer ses motifs. La publicité scanda-
leuse serait évitée ; mais l'action du pouvoir
judiciaire sur le pouvoir administratif, se for-

merait en droit jaloux que des circonstances
pourraient rendre insupportable.

La confection d'une loi sur la responsabilité
des ministres, provoquera nécessairement la
confection d'une autre loi sur la responsabilité
des agens du pouvoir. Alors la responsabilité
morale, conçue aujourd'hui par un très-grand
nombre de personnes, comme ressortissant de
l'opinion en général, sera sans doute restreinte
aux seuls rapports de confiance du supérieur
à l'inférieur. L'ordre, en s'établissant, fera connaître que, dans sa profession, l'homme n'a
que deux sortes de garantie à satisfaire : il répond devant la loi pour ce qu'elle prescrit de
particulier à cette profession ; et il répond envers celui ou ceux de qui il dépend directement par sa profession, pour la manière dont
il l'exerce dans les limites de la loi. Ainsi, le ministre et le commis ambulant, le banquier et le
porte-faix, ont également des devoirs de profession soumis à la responsabilité légale et morale.
Le ministre est responsable devant les Cham-
bres pour les actes de trahison et de concussion,
et devant le Roi, pour sa négligence ou son
impéritie. La loi punit la collusion du commis avec le contribuable, et son chef le des-
titue pour défaut d'exactitude et de vigilance.
Le banquier est amenable devant la justice lé-

gale pour fraude dans ses transactions, et ses correspondans lui font perdre son état, en cessant de lui confier leurs capitaux, à cause de quelques irrégularités. Des réglemens de police punissent le porte-faix qui exerce sans une médaille, et ses pratiques cessent de l'employer s'il s'enivre.

Par cette définition des deux espèces de responsabilité, on voit que l'opinion, vue comme expression des sentimens de la multitude, n'a aucun autre droit de surveillance sur la conduite d'un homme dans l'exercice de sa profession, que celui qu'elle s'arroge, et auquel il n'est dû que cette sorte d'égards accordés par l'individu aux sentimens des personnes avec qui il vit, lors même que ces sentimens sont déraisonnables. C'est un sacrifice auquel l'assujétit son goût particulier pour l'approbation de ses semblables, et il peut s'y soustraire sans manquer à ses devoirs envers la société.

La responsabilité légale est toujours définie; mais la responsabilité morale ne peut être que ce que la crée celui de qui on dépend par la profession. Envers celui-là, il y a pour condition de lui convenir, et sa discrétion établit la règle de conduite, de laquelle, toutefois, on peut se dégager, en renonçant aux avantages attachés à cette subordination volontaire.

Limitée à la discrétion du juge naturel du mérite de l'acte de profession, la responsabilité
morale ne présente pas d'inconvéniens qu'un
homme ne puisse supporter ; mais si elle com-
prenait encore la discrétion de tel autre avec
qui le supérieur est en contact d'attributions,
le poids en deviendrait déjà fatigant; et si, en
outrant, on allait jusqu'à vouloir qu'elle dé-
pendît de la discrétion de chaque individu,
comme faisant partie de l'opinion, alors la responsabilité morale serait un fardeau dont re-
fuserait de se charger tout homme qui se res-
pecte. Probablement on ne manquerait pas de
gens qui consentiraient à se soumettre à la
responsabilité envers chaque individu, dans
l'occupation des principaux emplois publics ;
mais il serait très-douteux qu'avec une telle
résignation, ils convinssent aux fonctions en
les remplissant avec dignité.

Avec ces notions toutes simples sur la responsabilité, un officier, pressé de se défendre
contre les attaques d'un corps d'insurgés, s'em-
pare d'un moulin, et le détruit pour y retran-
cher sa troupe. Si, au retour de son expédition,
les mesures qu'il a prises ont été approuvées
par son commandant, on présumerait naturellement que cette approbation le dégage de
toute responsabilité ; et cependant le meunier

le poursuit en réparation de dommages; l'ad-
ministration locale le blâme pour omission
de formes; et l'autorité judiciaire voit un acte
criminel dans cette violation de la propriété.
Sur recours, le Conseil d'état intervient et in-
forme; l'enquête est favorable à l'officier; les
dégâts se réparent; les poursuites légales cessent; et il n'aurait plus rien à redouter, s'il
n'existait pas l'article 20 de la loi du 26 mai.
Par cet article, chacun est autorisé à dénoncer
publiquement un fait coupable, relatif à des
fonctions publiques, pourvu qu'il soit vrai;
et un écrivain publie l'action de l'officier, en
la présentant sous un jour odieux. L'officier
se croyait absolument quitte de toute responsabilité par l'approbation de son chef, qu'avait
confirmée une décision du Conseil d'état; et
il apprend, en se voyant diffamé dans un jour-
nal, qu'il a encore à satisfaire à une responsabilité dont l'étendue l'épouvante, puisqu'elle
consiste à effacer de l'esprit d'une nombreuse
population toute idée injurieuse pour sa conduite. Après avoir répondu devant la loi et
devant ses supérieurs, il doit lui sembler très-
pénible d'avoir à renouveler sa justification
chaque fois qu'il se présentera un accusateur:
cependant, confiant dans son innocence, et
voulant rester pur de blâme aux yeux de l'o-

pinion, il appelle le diffamateur devant la Justice : celui-ci demande à prouver la vérité de ses allégations, le tribunal obtempère, et alors il s'élève un conflit réel sous le couvert des formes régulières.

Dans le lieu de l'action, certaines dispositions militaires ont déplu aux habitans ; l'opinion, puisque tel est le nom donné aux clameurs populaires, improuve les expédiens employés pour comprimer la révolte; les administrations locales sont irritées des déprédations commises par les troupes ; l'autorité judiciaire partage ces impressions, rendues plus profondes par un ressentiment né de la précédente interposition du Conseil d'état : enfin, il existe un mécontentement général contre les mesures du gouvernement, et contre le mode d'exécution, lorsque l'officier se présente pour demander justice. Et cependant il doit l'obtenir ; ou si des préventions la lui refusaient, ce jour serait un jour de calamité publique. C'est un soldat, obligé à l'obéissance, et agent passif de l'autorité légale, dont l'acte, juste ou injuste, soulève l'opinion; c'est un individu qui se plaint de l'agression d'un autre individu; c'est un homme que son respect pour la loi porte à l'invoquer plutôt que de recourir à la vengeance personnelle. Il doit obtenir justice,

parce que l'équité, la loi, l'ordre, le com-
mandent ; et pourtant les passions vont préva-
loir : ces ennemies de toute raison vont le rendre victime d'une lutte de pouvoirs à laquelle
il devrait être étranger !

La question est, s'il y a vérité dans l'imputation qualifiée diffamatoire, et conséquem-
ment si l'écrivain était fondé à publier l'imputation ; ce qui, dans l'affirmative, équivaut à
déclarer juridiquement que l'officier plaignant
est coupable. Le ministère public procède ;
l'instruction se poursuit ; le gouvernement se
confie dans la convention tacite d'éluder l'intervention du Jury dans ces sortes d'affaires,
et d'ailleurs il n'a aucun moyen d'arrêter la
procédure. Sous prétexte d'indices suffisans,
ou peut-être parce que ces indices existent
réellement, il est passé outre sur les considé-
rations antérieures qui portaient à écarter l'accusation directe ; la cause est plaidée publiquement ; le Jury prononce, et une flétrissure est
imprimée sur l'officier, après qu'il a satisfait à
la seule responsabilité légale et morale, qu'il
croyait raisonnablement devoir l'affecter dans
l'exercice de sa profession ! Sans doute il y
aura déclaration d'incompétence sur l'application de la peine ; probablement on trouvera
les moyens d'indemniser l'officier pour la dis-

grâce qu'il éprouve ; mais tout cela est d'une légère importance : le point grave est qu'une telle déviation des principes d'ordre puisse être l'ouvrage de la loi.

Et ces hypothèses n'ont rien d'imaginaire : dans tous les cas possibles, l'application de l'article 20 de la loi du 26 mai 1819 doit présenter des anomalies qu'aucune jurisprudence ne peut rectifier : le seul remède est dans l'abrogation absolue de toute distinction entre l'homme public et l'homme privé, dans la procédure pour diffamation.

En résumant les réflexions qui précèdent, on distingue :

Que la garantie des intérêts particuliers, comme de l'intérêt général, ne se trouve aujourd'hui nulle part que dans l'intervention du Pouvoir.

Que le Pouvoir doit posséder une force morale capable d'assurer aux divers intérêts une garantie efficace.

Que, pour acquérir au Pouvoir le respect extérieur et la confiance implicite, qui font sa force essentielle, il faut, indépendamment du mérite personnel et d'une rigoureuse surveillance de l'autorité sur elle-même, que le caractère de l'agent public , dans l'exercice de ses fonctions , soit protégé par la loi.

Que , loin d'attribuer une considération spéciale au titre de fonctionnaire , chargé d'agir au nom de la communauté sur les intérêts individuels, la loi du 26 mai autorise ouvertement ces intérêts à s'élever contre l'action publique.

Que la faculté de dénigrer l'homme du pouvoir par des imputations, pourvu que ces imputations soient fondées sur la vérité, implique nécessairement l'idée de responsabilité envers le public, pour tous les actes de l'autorité.

Que , traduit sans cesse devant le tribunal de l'opinion , où les clameurs de l'ignorance et de la mauvaise foi étouffent si facilement la voix de la sagesse, le fonctionnaire, déconcerté par les cris d'un simulacre d'opinion hostile à ses devoirs, perd la dignité attributive de l'homme chargé de commander au nom de la loi.

Que , depuis l'existence de la loi sur les poursuites des délits de la presse, il est devenu évident que le fonctionnaire conçoit comme contraire à ses intérêts bien entendus, de se livrer bénévolement à la merci d'un Jury, et de courir les risques de voir consacrer judiciairement son déshonneur, en poursuivant l'auteur ou le propagateur d'une imputation qui l'outrage.

Qu'ainsi, le fonctionnaire, repoussé hors du droit commun par des conditions qui lui sont onéreuses, contribue, par sa résignation, à l'avilissement de l'autorité, en laissant impunie la censure indécente de sa conduite dans l'exercice de l'acte public.

Que ces graves inconvéniens subsisteraient encore, lors même que des juges seraient substitués au Jury, parce que l'agent, ou civil ou militaire, répugnera toujours à provoquer un arrêt juridique sur un fait dont l'autorité de qui cet agent dépend, peut seule bien apprécier les circonstances et matérielles et morales.

Que, d'ailleurs, l'homme qui connaît la nature de ses devoirs, s'opposera sans cesse, par la force d'inertie, faute d'autre moyen, à la reconnaissance d'une responsabilité plus étendue que celle pour le fait qualifié délit par la loi, outre la responsabilité morale envers le supérieur immédiat.

Qu'il serait inoui, en effet, que douze citoyens, ou même des conseillers d'une Cour de justice civile, pussent, par un arrêt sur

le point de vérité d'une assertion diffamatoire, déclarer coupable, par exemple, un
officier, pour certain acte de sa profession, dont
la connaissance est, par l'ordre de législation
générale, attribuée aux conseils de guerre.

Qu'il y a violation des règles de principe
à investir l'autorité judiciaire du droit de juger
le mérite d'un acte administratif, et à placer
les autres branches du Pouvoir sous sa censure, par l'appel à la vérité devant un tribunal,
dans les cas d'imputation diffamatoire dirigée,
par exemple, contre un collecteur d'impôts,
ou un recteur de l'Université.

Que, sans doute, l'autorité judiciaire est
toujours compétente pour prononcer sur la
réparation d'un dommage matériel envers une
partie plaignante ; mais qu'elle est incompé-
tente pour qualifier l'acte émané d'une autorité
légale, qui a donné cause à la plainte ; et
qu'ainsi elle ne doit pas pouvoir davantage
légitimer, par une décision sur le point de
vérité, la qualification odieuse donnée à l'acte
public par un individu sans mission.

Qu'une faute commise par l'agent de l'autorité, dans l'exécution de la loi, se considère
sous deux rapports distincts : le préjudice et
le mode. Le premier est toujours du ressort

de l'autorité judiciaire , protectrice de tous les intérêts légitimes ; et le second est exclusivement du ressort de l'autorité spéciale , seule juge des moyens employés pour obtenir les fins voulues par les lois sur la matière. Or, l'autorité judiciaire , en prononçant sur la partie du tort appartenant au mode, empiéterait sur les attributions de l'autorité spéciale , et se trouverait ainsi le juge du mérite de toutes les opérations, fussent-elles fiscales, militaires ou diplomatiques.

Que s'il est essentiel de dispenser libéralement une latitude à la communication de la pensée écrite , on ne peut cependant lui sacrifier, tout à la fois, la réputation du fonctionnaire, la dignité des fonctions, et l'indépendance des divers pouvoirs dans leurs attributions respectives.

Que véritablement le régime réclame un organe pour l'expression du vœu de l'opinion; mais qu'en admettant comme vérité logique que la liberté de la presse est nécessaire au gouvernement représentatif, il faut préalablement reconnaître le respect au Pouvoir comme première condition de l'existence sociale.

Que si l'on se trompe long-temps encore dans l'arrangement des règles d'harmonie entre la

liberté et l'ordre, en essayant d'édifier des dispositions répressives sur un profond sentiment
de respect au Pouvoir, du moins l'erreur se
corrigera sans ces violentes secousses qui pré-
ludent à la chute des lois dont ce principe
conservateur n'est pas la base.

FIN.